Tucholsky Wagner Zola Scott Sydow Freud Schlegel
Turgenev Wallace Fonatne

Twain Walther von der Vogelweide Fouqué Friedrich II. von Preußen
Weber Freiligrath Frey

Fechner Fichte Weiße Rose von Fallersleben Kant Ernst Frommel
Richthofen

Engels Fielding Hölderlin
Fehrs Faber Flaubert Eichendorff Tacitus Dumas

Feuerbach Maximilian I. von Habsburg Fock Eliasberg Zweig Ebner Eschenbach
Ewald Eliot Vergil

Goethe Elisabeth von Österreich London
Mendelssohn Balzac Shakespeare Dostojewski Ganghofer
Trackl Lichtenberg Rathenau Doyle Gjellerup
Stevenson Hambruch
Mommsen Tolstoi Lenz Droste-Hülshoff
Thoma Hanrieder

Dach Verne von Arnim Hägele Hauff Humboldt
Reuter
Karrillon Rousseau Hagen Hauptmann Gautier
Garschin

Damaschke Defoe Hebbel Baudelaire
Descartes Hegel Kussmaul Herder

Wolfram von Eschenbach Dickens Schopenhauer Rilke George
Bronner Darwin Melville Grimm Jerome
Campe Horváth Aristoteles Bebel Proust

Bismarck Vigny Barlach Voltaire Federer Herodot
Gengenbach Heine

Storm Casanova Tersteegen Gilm Grillparzer Georgy
Chamberlain Lessing Langbein Gryphius
Brentano Lafontaine
Strachwitz Claudius Schiller Kralik Iffland Sokrates
Katharina II. von Rußland Bellamy Schilling
Gerstäcker Raabe Gibbon Tschechow

Löns Hesse Hoffmann Gogol Wilde Gleim Vulpius
Luther Heym Hofmannsthal Klee Hölty Morgenstern Goedicke
Roth Heyse Klopstock Kleist
Luxemburg Puschkin Homer Mörike
La Roche Horaz Musil
Machiavelli Kierkegaard Kraft Kraus
Navarra Aurel Musset
Nestroy Marie de France Lamprecht Kind Kirchhoff Hugo Moltke

Nietzsche Nansen Laotse Ipsen Liebknecht
Marx Ringelnatz
von Ossietzky Lassalle Gorki Klett Leibniz
May vom Stein Lawrence Irving

Petalozzi Knigge
Platon Pückler Michelangelo Kock Kafka
Sachs Poe Liebermann Korolenko

de Sade Praetorius Mistral Zetkin

Friedens-Predigt an Deutschland

Jean Paul

Impressum

Autor: Jean Paul

Umschlagkonzept: toepferschumann, Berlin

Verlag: tredition GmbH, Hamburg
ISBN: 978-3-8495-3055-6
Printed in Germany

Text der Originalausgabe

FRIEDENS-PREDIGT AN DEUTSCHLAND

gehalten von

JEAN PAUL

VORREDE

Wenn dieses Büchlein mehr Hoffnungen als Klagen und mehr moralische Ansichten als politische enthält: so erfüllt es mit beidem gerade das doppelte Titel-Versprechen einer *Friedens-Predigt*. Wer indes alles glaubt, was er sagt, der sagt darum nicht alles, was er glaubt.

Wir brauchen vielerlei Hoffnungen; schon das Glück kann ohne diese nicht genossen werden, geschweige das Unglück ertragen oder geheilt. Goldarbeiter erholen ihr Auge vom *Feuer* und *Golde* (welches beides wir bisher gehabt) am *Grün* und im *Spiegel*. – In jedem Falle ist Hoffen besser als Fürchten; wer nach *Osten* um die Erde schifft, gewinnt einen Tag; wer nach *Westen*, verliert einen; und ob gleich beide Schiffer dasselbe Alter behalten, so will ich doch lieber der erstere sein.

Ohne vergangene Not wäre die zukünftige größer geworden; der alte Berg-Schwaden Deutschlands mußte durch Anzünden in reinere Luft verwandelt werden; also kommt es jetzt auf uns an, wohin wir unsere Gänge treiben wollen.

Sollte einer und der andere einige Unordnung und viel Abgerissenheit im Werkchen wahrnehmen wollen: so erklär' ich, daß ich der allererste war, der die Sache wahrgenommen, um so mehr, da ich mir sie anfangs vorgesetzt.

Der Verfasser hat es redlich in diesem Büchlein gemeint; und darum, sollte man denken, wäre dasselbe ihm auch einigermaßen zu verzeihen.

Baireuth, am Matthias-Tage 1808.

Jean Paul Fr. Richter

I.
DER KLEINE KRIEG IN DER BRUST

Der Krieg hat über Deutschland ausgedonnert. Die Römer feierten einen Tag des Donners heilig, und die Bezirke, in die er geschlagen, wurden von der gemeinen Erde geschieden. Wie viele Tage und Länder sind in diesem Sinne uns jetzt geheiligt! Eine Ungerechtigkeit, die nun an verwundeten Völkern begangen wird, schreiet mit zwei Stimmen gen Himmel. Geh auf die langen Felder, wo halbe Heere sich *unter* die Erde gelagert haben, und drücke dann frech genug das, was noch *über* ihr übrig geblieben, in sie nach und nieder; setze, wie der rechte Mensch den Frieden mitten im Kriege, so den Krieg im Frieden fort; und bejammere doch unverschämt den langen ungeheuern Schmerz, den ein Eroberer aus seinem Gewitterhimmel schickt, indes du noch mit deinen kurzen Armen kleine Wunden austeilst. In jeder Sünde wohnt der ganze Krieg, wie in jedem Funken eine Feuersbrunst. Mancher außen unbescholtene Mann ist vielleicht in nichts von einer Geißel Gottes verschieden als im Mangel des Ruhms und des Geißel-Griffs. Der Krieg ist nur der vergrößernde Hohlspiegel der Wunden, die wir so leicht machen, nur das Sprachrohr und Sprachgewölbe der Seufzer, die wir einzeln auspressen.

Laßt uns also richtiger und ruhiger die Schwärze wie den Glanz des Krieges ins Auge fassen; und wenn wir auf der einen Seite oft den Siegshelden nur als ein Sternbild aus den hellen Taten einer Menge zusammengesetzt betrachten, so wollen wir auch auf der andern uns seinen Schattenriß nicht aus den Tat-Flecken seines Heeres zusammenmalen, oder seinen Namenszug in den Steppenfeuern seines Volks erblicken. Der Macht wird stets zu viel durch Freunde von den Ehrentaten der Menge, und zu viel durch Feinde von den Unehrentaten derselben zugeschrieben.

II.

Die neuen Fürsten

Gab es eine Tag- und Nachtgleiche für Fürsten, worin sie selber entscheiden, was nach ihr erfolgen soll, ob ein Frühling oder ein Herbst – ob ein Gang in warme fruchtbringende Zeit oder einer in eine kalte, Blatt und Frucht verlierende: so ist diese Zeit jetzt. Sie haben beinahe die Wahl, entweder allmächtig oder ohnmächtig zu werden. Man betrachte zuerst den schlimmen Wechselfall. Die deutschen Völker, mehr als andere an Sitte und treuer an Fürsten hängend, wurden durch das Erdbeben des Kriegs bald vor jenen, bald vor diesen Thron versetzt – die alten zähen Wurzeln der Anhänglichkeit wurden zerrissen – der Verlust der geliebten Herrscher wurde durch nähere Schmerzen und Verluste nur bedeckt – das allgemeine Wanken aller Aussichten, Gesetze und Höhen teilte sich dem Herzen mit; – was würde nicht aus den unter so wechselnde Hirtenstäbe hin- und hergetriebnen Völkern werden, wenn sie nicht durch Landesväter ein Vaterland bekämen, wie sonst durch dieses jene! Zwar ist dieser Zepter-Tausch durch Krieg besser, als wenn in vorigen Zeiten die Fürsten einander Land und Leute verpfändeten, oder um Pfund Heller abkauften; aber in unsern Tagen sind die Gefühle solcher Verhältnisse geschärfter. Die verwahrloseten Völker würden dann nicht etwa den Schweizern gleich werden, welche als soldatische Europas-Gänger überall dienten – denn diese sahen doch ihr Vaterland hinter sich auf den Bergen, und ihr Kriegslager war nur ihre gymnastische Sonntagsschule –, sondern einem Heere von kalten klugen Egoisten, welche, wie man in Philadelphia bewegliche Häuser verkauft, nichts hätten als bewegliche Vaterstädte, Vaterländer und Herzen, und vor der hereinschwellenden Ichsucht wäre der letzte Damm von Würmern zerbohrt.

Doch so arg kann uns kein Griff der Zeit verzerren. Das deutsche Volk, das sogar in der jetzigen Zeit seine Niederlagen nichts weniger als seiner Kälte schuldzugeben hatte und nichts weniger als der Wärme mancher Machthaber – was helfen denn dem Baum die breiten festen Wurzeln, wenn die Gipfel-Zweige sterben –, dieses ist in seiner Unscheinbarkeit für die Fürsten dem Moose ähnlich, das die Berge vor Verwittern und große Bäume auf ihnen gegen Umwehen beschirmet[1], so wie die deutsche Redlichkeit die zweite Ähnlichkeit mit dem Moose, das nur in der Kälte blüht, behauptet, man mag nun letztere geographisch oder metaphorisch nehmen. Wie Deutschland die geographische Mitte in Europa einnimmt: so hält es auch die sittliche; und wird daher mit Recht im Jungfrauen-Bilde als dessen Herz abgebildet, indes mancher andere Europas-Teil nur Kopf ist, oder ein Faust-Arm. Dieses gute ehrliche Herz, das fast alle europäische Kriege mit ihren Kanonen durchbohrten! – Jetzt hat es Blut genug verloren. Aber eben in diesem Zustand ist alles Balsam, was nicht Wunde ist; und jede schöne Neuerung zum Vorteil des allgemeinen geistigen und sinnlichen Wohls wird leichter ohne den Widerstand überflüssigen üppigen Kraftgefühls empfangen; so wie der Landmann mit Vorteil in den Nachttau und im Nebel säet oder bei Regenwetter die Blumen versetzt. – Und wie kann nicht ein patriotischer Fürst die ersten Jahre der erneuerten deutschen Vaterlandsliebe wuchern lassen, mit welcher die deutsche Nation auf so viele Schlachtfelder und auf Wappenfelder naß hinblickt und ihren Namen nur als *vertiefte Arbeit* findet! Und wie wenig braucht ein neuer Fürst, um geliebt zu werden! Wie gewinnt er jetzt nicht durch den Abstich mit der nächsten trüben Vergangenheit!

Zu befürchten ist vielleicht nach einer Zeit, wo die Kanonen die Stunden schlugen und die Schwerter sie zeigten, daß ein Fürst sich und Volk am besten zu beraten glaubt, wenn er eine ewige Kriegs-Erklärung organisiert, alle Stände verdeckt zum Wehrstand, alle Schulen zu Kriegs- und Fechtschulen einschmilzt; so daß am Ende Pflug und Feder und das Geräte aller Musen nur das Trieb- und Federwerk einer langsamern Kriegsmaschine werden und er selber ein Großsultan, dessen Krönung und Salbung bekanntlich darin besteht, daß man ihm einen Säbel umhängt. Welcher Regent so dächte, müßte dann einen ewigen Krieg (denn der Friedensschluß wäre nur eine weitläuftig und langsam geschriebene Kriegserklä-rung) begehren und einleiten, um den Zweck seiner Mittel zu ge-nießen, und um die Mittel (da, sobald die antreibende Idee fehlt, der Krieg selber zum Kriege abrichtet) – zu verdoppeln; dann müßten am besten alle Länder in einem unaufhörlichen Landsturm gegen-

---

[1] Physikalische Briefe von De Luc. B. I.

einander wehen – statt eines ewigen Friedens und Frühlings (beide leichter möglich als ihr Gegenteil) gäb' es einen ewigen Krieg und Winter, und am Ende, da der Krieg nur auf Kosten eines vorher bereichernden Friedens leben kann, gäb' es nichts mehr zu bekriegen und zu – leben.

Auch ist die Voraussetzung sehr einzuschränken, oder die gewöhnliche Behauptung, der Krieg als *solcher* gebe die Tapfern und Helden – zeigen kann er sie mehr. – Schon da allemal zwei kriegende Völker miteinander die Stärkungskraft des Krieges teilen, so muß doch etwas anders als die gemeinschaftliche Stärkung den Ausschlag des Sieges geben; dieser liegt folglich im Frieden vorher, hab' er nun die Überzahl oder die Idee erzeugt, welche letztere eigentlich allein triumphiert.

Ebenso macht umgekehrt Friede an sich nicht kraftlos, wie die so lange auf dessen Tabors-Bergen und Tempetälern eingewohnten Schweizer zeigen; oder die Schweden, oder noch mehr die Dänen, oder die französischen Neukonskribierten, welche wie Veteranen fochten; – große Helden bekannten sich oft furchtsamer in den letzten als in den ersten Feldzügen, weil sie dort Ruhm nur zu behaupten, hier zu gewinnen hatten; und das sogenannte Kanonenfieber fällt wie Blattern nur einmal an.

Wie wenig auf der andern Seite Krieg allein nervigt, sieht man an den stets zaghaft das Mittelalter durchfechtenden Italienern, worin nach Robertson zuweilen auf dem Schlachtfelde so viel Mann blieben, als einmal Spartaner entkamen – nämlich *einer*, oder auch an den Franzosen des vorigen Jahrhunderts, welche sowohl in Luxus als Tapferkeit den jetzigen um ein Jahrhundert nachblieben.

Härtet der Krieg ab, so kann ein Friede, wenn genug Norden und genug Armut da sind, schon der ununterbrochenen Dauer wegen – da im Kriege doch immer Sommer und Winter, Fasten und Übergenuß, Fasttag und Fastnacht wechseln – noch stärker stählen; und entschieden nur Kriegs-Abhärtungen, so bliebe jedes nördliche, jedes verarmende Volk das siegende; und ein Fürst brauchte nichts zu tun, um über den Sieger aus dem warmen Korsika so wie über seine ebenso heißen Leute zu siegen, als das, was längst geschehen, nämlich den so stärkenden Norden an jedem Soldaten-Leibe zu sammeln durch Rock und Hunger zu einem Eis- und Brennpunkt und dann an der Spitze von Drittels-Erfrornen und Halb-Verhungerten zu sagen: nun versucht euer Heil und greift das an, was noch lebt!

Aber was siegt denn am Ende? Die Idee – so wie in der scheuen Mutter die Mutter-Liebe die Löwin wird –; die Idee sei nun Vaterlandsliebe, oder Freiheitssinn, oder Ehre, oder Religions-Eifer, oder die Anhänglichkeit an einen großen Mann, der selber die Freiheit oder ein ganzes Vaterland personifiziert, und der mit dem Geiste die Welt, die Geisterwelt, nachzieht.

Ein Genius wie Cäsar, Friedrich, Napoleon wirbt nur Menschen an, um sie als Helden abzudanken; Cäsars zehnte Legion[2] , so zufällig ausgehoben wie jede andere, ragte siegend vor, bloß weil sie wußte, daß sie die zehnte war, und der Kommandostab des Genius tut das entgegengesetzte Wunder von Minervens Stabe – der den alten Ulysses in einen jungen verwandelte –, indem jener aus neubärtigen Jünglingen Veteranen macht. Würde nun einem Staate in den gehörigen Zeiträumen ein solcher Heiland beschieden: so wäre dem Staat jedes stehende Heer durch das im Heiland schlafende erspart, und er brauchte für nichts zu sorgen als für den Frieden.

Da indes selten ein solches Thron-Palladium (Pignus imperii) vom Himmel fällt, so muß das Volk selber der Idee zugebildet werden, welche die Siege bringt, und dies geschieht bloß, daß es mehr zu sittlichen Zwecken als zu Finanz-, Eroberungs- oder Glanz-Zwecken regiert und erzogen wird. Wie wenig braucht das tapfere abgehärtete deutsche Volk eine andere Erziehung zum Kriege als die zum geistigen Selbst-Frieden, dieses Volk, das im neuesten Selbst-Zweikampf seine Kräfte wieder gezeigt, in wechselseitiger Besiegung angespannt, so wie seine Ähnlichkeit mit dem Elefanten wieder dargetan, der das deutsche Wappentier sein sollte, weil er, schwerfällig in Wendung, schnell geradeausgehend, trinklustig und besonnen, gern tragend, seinen Wärter liebend und Kinder schonend, doch im Kriege Römer zermalmt und – als zahmer den freien fangen hilft.

---

[2] Ebenso und eben darum das berühmte Regiment der Picardie, nach Hume.

III.
DAS DEUTSCHE REICH

Niemand sprach mehr gegen die deutsche Reichsverfassung als wir Deutsche sämtlich; bloß später söhnten wir uns mehr mit ihr aus, als sie davon war, und hielten, wie Imperatoren, Päpste und Akademiker, dem Leichnam die gewöhnliche Lobrede. Indes haben alle kräftige Staats-Verfassungen – die griechische, römische, englische – dieses schmähende Selbstrezensieren und diesen Selbst-Zungentotschlag mit der deutschen gemein. Übrigens begehrt der Mensch, besonders der Staaten-Mensch, die Veränderung und den Umbau des Staates so lange, bis die Ruine oder der Neubau da ist; dann flucht er aufs Neue und wünscht das Allerneueste, nämlich das Alte. Aber kann denn eine Welt im Vergehen sich über eine Nachwelt im Entstehen freuen? Wird nicht der *alte* Wein trübe, wenn der *neue* sich in den Blüten sammelt? – Gilt der Vorwurf der Lobrednerei veralteter Zeiten nicht ebensogut greisen Körperschaften als einzelnen Greisen? – Der Krieg hat uns unsere Verfassung nur mehr gezeigt als genommen; wäre die alte ehrwürdige noch ununtergraben dagewesen, so wäre sie eben dageblieben; denn der Krieg, dieser schneidende und bohrende Wundensucher der Völker, ist dem Trunk und Wahnsinn gleich, der (nach Seneka) nur die Sünden enthüllt, nicht erzeugt. Folglich ist, seitdem der Bühnenvorhang von den deutschen Theatern aufgezogen nicht sowohl wurde als abgebrannt, nichts zu sagen als: das Alte hatten wir früher verloren als unsere Schlachten, und das Neue ist mehr Gegengift als Gift, und wenn nach Zimmermann der Arzt viel vom Heerführer haben muß, so hatte dieser von jenem. Ingeheim hatten sich in der verfallenden Verfassung wie in einem verfallenen Schacht schon neue Goldadern wieder angesetzt; wovon unser weltbürgerlicher Sinn und unsre Literatur die schönsten sind.

Wo indes echter alter deutscher Reichs-Geist sich noch aufbewahrt – z. B. in den Hansestädten –, da taste diese geistigen Reichs-Kleinodien keine neuernde Hand feindlich an. Laßt den letzten deutschen Eichen, in die leider immer die Kriegsgewitter schlugen, den wilden zackigen Wuchs – Napoleon, oder wer es vermag, rette die letzten Deutschen und forme die übrigen!

IV.

V ATERLANDS- ODER D EUTSCHLANDS-L IEBE

Die Deutschen lieben jetzt in den Deutschen das Deutsche mehr
als sonst, wo sie noch nicht, wie die Muhammedaner, ihre Zeitrech-
nung von einer prophetischen *Flucht* datierten; gleich den letzten
Zeilen abgehender Personen in Shakespeare reimen wir uns, wiewohl spät, nämlich aufeinander. Waren indes die einzelnen deutschen Völkerschaften einander fremde: so waren die einzelnen grie-
chischen und die italienischen sichs auch; und daher, unbeschadet
unsers Gehaltes an Liebe und Glut, dürfen wir die Ähnlichkeit ein-
gestehen. Nur dann fiele jede schmeichelnde hinweg, so wie jede
Enschuldigung, wenn jetzt die Bundesstaaten des Deutschlands –
das sonst wie die Schildkröte zwischen zwei entgegengesetzten
Schilden, zwischen dem preußischen und österreichischen, sich
bewegte und bedeckte – sich nicht nach innen zu ebensowohl, wie
andere Weltkörper-Systeme, um einen Schwerpunkt bildeten, als sie
einen außer sich haben, oder wenn sie getrennte *Gesellschaftsinseln*,
oder höchstens verknüpfte Turnier-Genossen würden, anstatt einer
schönen Eidgenossenschaft auf der Ebene, oder eines von Napoleon
und einem langen Frieden beschützten Fürstenbundes. Nie bleibe
der Deutsche so weit hinter seinen feurigen Siegern zurück! Nie
kehre die alte Erstarrung im neuen Keim-Monat um!

Doch zurück! In den Jahren 1770 bis 1780 hatten wir – nach abge-
taner Gallomanie – einige Anglo- und noch mehr Germanomanie
und schätzten uns höher. Während der französischen Revolution
wollten wir nicht viel aus uns machen, sondern sagten: wir wären
leider so so und halbe Sklaven. Später schwangen wir uns hoch
über die Umwälzung empor. Seit den letzten Kriegen teilen wir
wieder gern den gemeinschaftlichen Namen Franken und erinnern
uns aus der Geschichte, daß die Mehrheit in Frankreich nicht Galli-
er, sondern versetzte Germanen sind. – Im ganzen war nie die
Deutschlands-Liebe aus dem Mittelstande und aus dem Volke ge-
wichen; dieses hielt sie lebendig im Herzen fest, jener sie auf dem
Druckpapier; und nur die höchsten Klassen ließen sie öfters entflie-
hen. Darum waren wir aber eben mit dem Patriotismus daran wie

die Ungarn mit dem Gelde: sie haben die Gold- und Silber-Gruben, und doch fast nur *Papiergeld.*

Herzberg bewies in einer gelehrten Abhandlung, daß die Deutschen *alle* bloß europäische Reiche gestiftet und bevölkert haben (was nachher deutsche Fürstentöchter schöner und unblutiger auf allen Thronen wiederholten, und Deutschland, wie die Tellus, mater deorum heißen konnte); also die deutschen Kriege in Europa immer Bürgerkriege sind, wiewohl in höherem Sinne jeder auf der Menschen-Erde immer einer zwischen Landes-Leuten ist. Eine Nation kann nur stolz auf die Masse, nicht auf die Genies, d. h. auf die Ausnahmen sein; eine sich allmählich mit Armen oder Augen emporhebende Fleiß-Stadt hat, auch ohne einen einzelnen Stern vorzuzeigen, auf mehr echten Ruhm Anspruch als irgendeine andere, in welche der warme Glücks-Wind den Blumenstaub oder die Phönix-Asche irgendeines Genius zur Geburt einweht. Man kann überall geboren werden, z. B. in Bethlehem, aber nicht überall gepflegt; die Erhaltung eines Genius ist, wie in der Theologie, die zweite Schöpfung; und so hat die ästhetische Wiedergeburtsstadt Weimar die Ehre, die Geburtsstadt von vier großen Dichtern zu sein, so wie Jena die Ehre einer Entbindungsanstalt mehrerer Philosophen.

Was ist nun politisch das, worauf die deutsche Masse, nicht der einzelne, seine National-Ehre und -Liebe gründet? – Etwas sehr Verschiedenes von zwei verschiedenen Nationen. Denn wir – ohne das französische Feuer für persönlichen Glanz, das den Einzelnen so leicht in jedes siegende Ganze einflicht, und ohne das englische Trotzgefühl selbstständiger Freiheit, und überhaupt ohne jene Zündruten anderer Nationen, um Felsen zu sprengen – wir sag' ich, sind eben deshalb nicht imstande, die Augen zuzudrücken und von Europa nichts zu spüren als unser Auge; wir sind nicht imstande, unsern Blick so zu beschränken als unsere Macht; sondern wir vermögen nur, mit Verzicht auf Massen-Schimmer für das alte, in Poesie und Leben durch alle Länder und Jahrhunderte hindurchgehende deutsche Attribut der Rechtlichkeit und Redlichkeit zu leben, zu eifern und zu sterben. Denn nur der ruhigen wellenlosen Seele offenbart sich das Recht am reinsten wie eine nachgespiegelte Sonne. Unsere Freiheits-Liebe ist nur Rechtlichkeits-Liebe, nicht Glanz-

und Raubsucht. Und solange dieser Sinn in uns nicht zu ermorden ist, werden wir Knechtschaft hassen und Vaterland lieben. Rechtlichkeit verknüpft die Deutschen – eigentlich die Menschen –, und wehe dem, der das Band durchschneidet, woran die Welt hängt und er selber! – Und Heil dem Fürsten, dem die Geschichte den neuen Beinamen »der Rechtliche« gewähren kann, und ich glaube, sie kann es seit zehn, besonders seit zwei Jahren.

V.
FRANZOSEN-DEUTSCHE

Statt der vorigen Deutsch-Franzosen werden wir Franzosen-Deutsche werden, will man befürchten. Ich nenne dies Furcht, denn eine ausgelöschte Nation wäre durch keine andere, nicht einmal durch die auslöschende zu ersetzen, geschweige aber die deutsche; ich habe indes nichts weniger als diese Furcht. Einseitigkeit kann an entgegengesetzter sich brechen, ja sich in diese verlieren. Aber wir *weltseitigen* Deutschen, schon längst im geistigen Verkehr mit allen Völkern, und ohne von ihren Whims, Capriccios und hors d'oeuvres mehr anzunehmen als das Gleichgewicht unserer Kräfte, geraten ja seit gestern bloß in eine andre Berührung mit einem schon vertrautern Volke. Umgekehrt dürften vielmehr, wenn uns bisher, anders als den alten Völkern, denen Fremder und Feind gleich klang, Fremder und Freund sinnverwandt gewesen, von nun an manche Nachahmungen, die vorher Willkür und Ferne verdoppelt und versüßet hatte, durch die einheimische Nähe der Franzosen uns verbittert und zuwider werden – weil wir so ungern das Einheimische und Nahe nachahmen –; ja es wäre möglich, daß die französische Sprache ein so gemeines Gut würde, daß man [am] Ende an unsern Höfen deutsch spräche; es wäre möglich, daß der Vertrag zu Verdun 843, der Frankreich und Deutschland wieder in zwei Reiche absonderte, sich geistig erneuerte.

Aber wozu diese harte Entgegensetzung zweier so großen Völker? Bis hieher wurde das deutsche Volk wie eine vergoldete Silberstange durch immer engere Löcher durchgetrieben, um verfeinert zu werden; aber eben wie die dicke Stange, lang und dünn ausgezogen, doch noch den Gold-Beleg behält, so haben wir unser Gold der Weltseitigkeit und der Treue fortbewahrt. Es scheint darum ordentlich, da wir geistige Gütergemeinschaft mit allen Völkern haben – und so wie die Franzosen die Herren des Landes sind, die Engländer die des größern Meeres, wir die der beide und alles umfassenden Luft sind –, daß wir deshalb, um ein Verquickungsmittel der spröden Völker zu sein, in alle Länder und Klimen ausgesäet worden, wie die Juden, Jesuiten, Eisen und das Tier, das unsere Treue teilt. Ja, wurden nicht von jeher alle feindseligen Völker mit ihren Kriegen ins deutsche Reich als in die Quickmühle, welche durch Aneignung die Metalle scheidet, d. h. durch Frieden, hineingespielt?

Wenn in der ganzen Geschichte die gebildete Nation die ungebildete auflöst und polypenartig in sich verwandelt, gleichgültig, ob siegend oder besiegt; – so ist hier zwischen zwei gebildeten Nationen keine historische Möglichkeit eines nationellen Vertilgungs-Friedens.

Unsere literarische Entgegensetzung und Eigentümlichkeit muß uns auch als politisch-nationelle bestehen lassen. Was allerdings (wie leider die neuesten Jahre zeigen) das französische Volk an Bildung und Lebensfreiheit voraus hat vor dem noch in manche Roheit[3] und zünftige Unbeweglichkeit eingesunkenen deutschen, dies holet der Deutsche im Mittel- und Gelehrtenstand wieder ein durch die Weltseitigkeit und Tiefe seiner Bildung. Sind wir in der Literatur und Rechtlichkeit *Kameen* und in der Politik und Lebens-Gewandtheit *Gemmen* – so wie umgekehrt die Franzosen in dieser Edelsteine mit erhabnen Figuren –, so weiß ich nicht, ob das Näherbringen entgegengesetzter Vorzüge nicht zur Erhebung und Vereinigung derselben wirke.

---

[3] Gleichsam allegorisch waren im Krönungsanzug des deutschen Kaisers alle Diamanten ungeschliffen.

VI.
POLITISCHE FREIHEIT

Weniger über die politische als über die Religionsfreiheit können wir am gewissesten sein. Die Verstandes-Kraft der Zeit, die Gewalt und der Glanz großer Beispiele und Gesetze, ganze mit Licht bedeckte Länder und selber der Mangel an Religions-Feuer sagen dem Religions-Lichte die alte Fortbreitung zu; löscht heute den Fixsternhimmel aus, er leuchtet noch viele Jahre in unsere Nächte hinein, bloß weil sein Licht schon so lange unterwegs ist.

Hingegen die *politische Freiheit?* Die Gewalt kann höchstens die *Enkel* zu *Blinden* machen, aber schon die *Väter* zu *Knechten;* und wie bei den zum Erschießen Verurteilten zielen zwei Kugeln auf die Brust und nur eine auf den Kopf. – Aber verwechselt hier die Besorgnis nicht den Einfluß des Krieges in den Frieden mit dem Frieden selber? Aus dem Kriege, als aus einem bloßen Loseziehen der Gewalt und des Faust-Unrechts, trägt man leicht ein Stück dieser willkürlichen Gewalt in den Anfang des Friedens aus Gewohnheit hinein; zu oft ist der Friedensschluß selber nur die letzte Schlacht, und die Taube mit dem Ölblatt gleicht oft den zwei Tauben, welche man in England den Verwandten nach der Hinrichtung zufliegen läßt, zum Zeichen, daß der ihrige keine Gnade gefunden. Der Krieg verfälscht mit seinen Gewalts-Bewegungen auf einige Zeit die Gewissens-Regungen, wie das Erdbeben die Magnetnadel irrig und lügend macht. Aber wie der zufällige Wind nur den ersten Faden des Spinngewebes anklebt und bestimmt, und darauf an diesen das Kunsttier die andern ganz geometrisch knüpft: so kann, was die Gewalt gründet, nur das Gesetz bewahren und beschirmen, und was Seneka von Gott in Rücksicht der Naturgesetze sagte: semel jussit, semper paret, gilt von dessen Statthaltern. Der Tempel der Bellona und des Vulkans durften nicht innerhalb der römischen Mauern sein. Zum Glücke darf man sagen, daß schon in einigen neugegründeten Staaten der Friede sich immer mehr vom Kriege reinigt und die Fürsten gleich der Gerechtigkeit nach dem Einstecken des wilden geschwungenen Schwertes mit stillerer Hand die Waage halten.

Da eine Schweiz keine Schweizerei ist, für Kammer und Kabinett – ein Holland keine Holländerei – ein Deutschland keine Deutschländerei – ein Land keine Länderei –: so würde sich gegen einen gekrönten wilden Jäger alles selber wenden und ihn, nicht ihm jagen. Wie in Frankreich ein willkürlicher Druck gleichsam die ganze Nation zum Feuern abdrückte, und wie diese mit Blut, Tränen und Druckschwärze scharf eingeätzte Freiheitsbriefe nicht erlöschen, sondern wie sympathetische Schrift vor jeder Hitze wieder vortreten: so würde alles wiederkommen, wenn die Regierungen die Völker zum Hassen antrieben. Schnell zusammengepreßte Luft entzündet sich. Wie nach Plato im Gastmahl jeder ein Dichter wird, wenn er liebt, so kann er auch einer werden – und zwar eines Trauerspiels –, wenn er haßt, und dann kommt Petrikettenfeiers-Tag.

Aber ein geistig Großer und geistig Gefürsteter kehrt ewig zum Gesetz zurück; Friedrichs des Großen Friede hatte keine andere Ähnlichkeit mit seinem Kriege als den Glanz, Cäsar hätte das Reich gesetzmäßiger regiert als erobert, und Frankreich wird von den Gesetzen beherrscht, und von Napoleon beschirmt und beschienen. Ein Genius gleicht dem Sparta und dem Deutschland des Tacitus und selber dem neuen England, welche nach innen eine strengere Gesetzmäßigkeit bewahren als nach außen. Die Kraftlosigkeit liebt Gesetzlosigkeit; denn nicht die Schwäche, nur die Kraft will immer dasselbe, und dasselbe heißt eben Gesetz. Ja man könnte aus den zwei Behauptungen des Aristoteles (in seiner Politik), nämlich der einen, daß, wer zur rechten Zeit zu zürnen vermöge, zum Herrscher geboren sei, und aus der andern, daß der Besitzer des größten Glücks dasselbe nur durch die größte Selbstbeherrschung ertrage, und daß daher in Elysium nur Gerechteste sein könnten, man könnte aus diesen Sätzen Prophezeiungen für den Knoten lösenden Maschinengott Europas machen, wäre es nicht zum Weissagen – zu spät, indem dieser Maschinengott oder Maschinenmeister durch mehrere neueste Schritte kundtat, daß er nichts als Frieden brauche und ihn künftig über Erwarten bewahren werde, um Friedrich den Einzigen zum zweiten Male zum Muster zu nehmen. Im Kriege ist Friedrich der Zweite nicht der Einzige; bleib' ers auch im Frieden nicht, und werd' er nicht nur übertroffen, sondern auch erreicht! – Und dann ist die Welt beglückt und ihre Verwunderung entschuldigt!

Zur politischen Freiheit gehört die Preß-Freiheit. Auch hier wird der Krieg, der sich mit Preß-, Zeitungs-, Brief- und Postzwang verteidigen muß, diese Not-Maßregeln ebensowenig in den Frieden hinüberziehen als seine übrigen Lasten. Unten an hereinhängenden Lauwinen wird jedes laute Sprechen, das sie herunterwälzen kann, verboten; aber soll man denn auf dem ganzen Wege schweigen, auf den Ebenen des Friedens? Muß ein Staat erst tot sein, ehe man ihn zergliedern darf, und ists nicht besser, durch dessen Krankheitsberichte die Sektionsberichte abzuwenden? Oder soll den Bürgern eines Staats erst ein Feind desselben, der die Hände bindet, die Zunge lösen?

Konnte man nicht in sonst so sprechfreien Staaten manche Sachen noch vor dem 14ten Oktober sagen gerade über die Gewitter-Ableiter, deren Rost eben den Schlag herunterführte?

Übrigens ist jetzt zu viel politisches Licht vorhanden, als daß ein Fürst nicht lieber das ganze zuließe, und er hat in Rücksicht des Vorteils nur die Wahl zwischen gänzlicher (obwohl unmöglicher) Sultans- und Mönchsverfinsterung, oder zwischen Friedrichs des Zweiten Aufhellungs-Freiheit; ein bloßes elendes vergittertes Mittel-Licht erinnert an Baczkos Bemerkung über physische Blinde, von welchen (nach ihm) die mit einigem Schimmer mehr tappen, weniger lernen und weniger sich helfen als die ganz Blinden. Man kann jetzt der Wahrheit nur den Hof verbieten, nicht Stadt und Land; hinter den stummen Lippen werden die Zähne knirschen. Man kann Bücher und Autoren an Ketten legen, aber nicht Mienen und Gedanken. Man kann, wenn man jenes tut, denselben Stoff, der sich als *Licht* mild und still umhergegossen hatte, zu einer *Flamme* verdichten, die brausend fortfrißt und niederreißt.

Was ist denn zu wünschen, ja zu hoffen? Dies, daß ein zweiter Schlözer Staatsanzeigen schreibe, und ein zweiter Friedrich die Pasquille leserlicher hängen lasse; damit man wieder erlebe, wie sich Hannover und die Mark mitten unter Umwälzungen betragen – nämlich ruhig.

VII.

LUXUS

Die neue Zeit hat sich vor einem Feinde, der die alte besiegte, um so mehr zu fürchten, da sie selber ihn entwaffnet hat; dies ist der Luxus, der vor ihr das – Geld strecken mußte. *Verarmung* tut, wie dem Einzelwesen, so noch mehr den Völkern so viel Abbruch als *Armut* Vorschub; diese sperrt den Luxus mit seinen guten und seinen bösen Kindern zugleich aus, jene wirbt durch die bösen um den Vater an. Eine Zeitlang werden die Deutschen – Beispiele zeigen sich – sogar schon aus Unmut und Geldmangel verschwenden. Man hält nur dann am liebsten zu Rate, wenn man etwas vor sich gebracht, und der reiche Geizhals wäre leicht in seinen liederlichen Erben umzugießen, sobald man ihm das halbe Vermögen wegzöge. Schätze sparen, heißt Gegenwart opfern und verschwenden; dazu muntert aber nicht gefürchtete Zukunft auf, sondern gehoffte.

Eine Kontribution gehört unter die Aufwandsgesetze, aber alle schlagen fehl. Unser jetzt auf den halben Sold gesetzter Luxus bringt alle sittlichen Nachteile eines auf den ganzen gesetzten mit, die Veruntreuungen an sich und an andern, die Biegsamkeit und Verbogenheit, die Geldsucht etc. Und werden nicht noch andere Zufälligkeiten das Gift des Luxus noch dicker kochen? z. B. das Beispiel eines berühmten und vergrößerten Landes und besonders dessen Hauptstadt, da sie uns näher angeht als London – die jedem Kriege nachfolgenden Über-Bereicherungen Einzelner – die betäubende Lockspeise neuer Staaten-Einrichtungen – das Throngepränge, welches man dem Sieger des Jahrhunderts, der sie aus säkularischen Gründen wählte, am leichtesten nachzuspielen hat, ohne mit ihm die Gründe gemein zu haben? Denn was das letzere anbelangt, so ists bei einem Genius einerlei, ob er sich durch Prunk oder, wie Attila und der Lord und Friedrich der Zweite, durch Unprunk von seinem Gefolge unterscheidet, und sein geistiger Glanz kann äußerlichen ebensogut *entschuldigen* als *ersetzen*. Indes wird die Furcht dieser Einwirkungen durch die Betrachtung, daß uns z. B. das Luxus-Kapua, London, wenigergeschadet, und daß im Mittelalter die Pracht-Gesetzlosigkeit der Thronen darum nicht Prachtgesetze nötiger gemacht, sehr gemildert, besonders wenn man noch zweierlei

Luxus voneinander trennt. Der des Volks ist nur ein scheinbarer: denn er ist nichts als der gleiche Schritt des Genusses mit dem Erwerben und Erfinden; und am italienischen oder sinesischen Bauer ist Seide so wenig Luxus als am Seidenwurm. Auch sucht der Volksluxus weniger gehaltlosen Schimmer und fremde Meinung als einige derbe Ausfüllung; und es genießt ihn nur wie Sonntage, ja nur an Sonntagen, folglich in gesunden Zwischenräumen als Stärkungsmittel verschwitzter Werkeltage, die ihn wieder durch den Abstich würzen.

Aber wie anders löset der Luxus des Hochstandes weniger die Arbeits-Knoten als das Lebens-Gewebe selber auf! Dieser, mit der Unersättlichkeit und Grenzenlosigkeit der Phantasie und mit der Allmacht der fremden Meinung treibend, jagt in einen unendlichen Wechsel hinein, und der Schaum dieses Überflusses macht nicht, wie der Volltrunk des Volks, froher und stärker, sondern durstiger, matter und trüber. – Er geht nicht, wie der volkhafte, vom Überfluß aus, sondern rennt diesem erst nach und macht arm, um zu verarmen, gleich sehr austrocknend Berg und Tal, den höchsten und den niedrigsten Stand. Wenn in lustigern Zeiten der Luxus der Hanse, Hollands, des deutschen Mittelalters nur ein solcher *Volks*luxus, obwohl verschiedner Stände, war, der den eignen Überfluß zu fremdem erzog: so breitet der jetzige Hochstands-Luxus, das üppige Kind der Phantasie, der Durst nach Durst und Trank zugleich, die Eßlust nach Eß- und Magenmitteln und nach Schauessen zugleich, dieser breitet und säet seine relative Armut unter das Volk als wirkliche aus, und eben das Jahrhundert, das Geld so verschwendet wie Zeit und Blut, steht da, behangen mit einem Attributen-Geräte von Sparsuppen, Sparlampen, Sparöfen und Sparbetten. Die rumfordischen Suppen werden alle in Hofküchen gekocht, und die Armen-Anstalten müssen die Reichen-Anstalten gutmachen.

Aber was wollt ihr vornehmen Deutschen denn tun dagegen, d. h. für euch selber? – Was ihr Rechtes dagegen tüchtig wollt, dies vermöget ihr jetzt am leichtesten; denn da der Standes-Luxus, nicht der Genuß-Luxus, eigentlich nur fremde Zungen sucht, wie der Kaufmanns-Gott Merkur vom Opfertiere, da er nur für andere glücklich sein will, wie die Tugend für andere unglücklich: so kommt ja jedem, der sonst der fremden Meinung zu sehr diente, jetzt diese selber zu Hülfe; man steigt nie leichter und unbeschränkter in der Gesellschaft herab als mit dieser selber zugleich, wie die sonst eiteln Ausgewanderten bewiesen. Jetzt ist ja jedes Aufwandsgesetz, das ihr euch selber gebt, ein stilles für jeden und von jedem. Könntet ihr euch in dieser Zeit, die den Gift des Luxus mit welken siechen Staaten bezeugt, und die euch noch dazu die englischen negativen Gold-Küsten versperrt, nicht Kränze durch Entbehren erobern, die ihr sonst durch Erkaufen gewannet? –

Wenn wäre es leichter als jetzt, daß ganze *deutsche* Gesellschaften – deutsche zu höherem als Wörter-Zweck –, höhere Heilands-Orden, auferständen und zusammenträten, um die amerikanische Cincinnatus-Gesellschaft durch das Beispiel der Lossage vom pressenden Schleppwerk des Leib- und Stubengerätes zu wiederholen – um besonders den gefräßigen Möbeln-Luxus von sich abzuhalten – um sich in die Sonne der bloßen Freude zu setzen und elende Nebensonnen des Scheins, diese Propheten des schlechten Wetters, nur angehörig dem Dunstkreis, nicht dem Himmel, zu verschmähen – – Himmel! wie wohlfeil ist das Leben, wenn man nur froh sein, nicht es scheinen will! Wie viel kostet die fremde Meinung uns täglich Geld und Sünde als die eigne!

Das reißende Untier des Luxus kann kein Einzelner, sondern nur eine Menge bezwingen. Fürsten reichen, wenn nicht in der Verfassung selber die Münzstätte der spartischen Notpfennige ist, mit ihren Prachtgesetzen nicht weit. Ihr könnt alle voraussehen, daß dieser Knochenfraß des Staates, da er niemals innehalten kann, noch weit mehr euere Kinder verzehren und aushöhlen muß, wenn ihr nichts Besseres dagegen vorkehret als ein paar Lehren, euch – nicht nachzuahmen, und wenn ihr nicht durch *Entsagungs-Gesellschaften* ihnen das entgegengesetzte Beispiel der schlechtern Vielheit gebt. Aber bisher gabt ihr noch statt des Verbots, euch nachzuahmen, sogar den Befehl und Reiz dazu, indem ihr den armen Kindern den Frühgenuß der elterlichen Freuden und dadurch den künftigen Ekel davor und den Durst nach vergrößerten aufdringt. Die Kron- und Kaufmanns-Güter-Gemeinschaft der Kinder mit den Eltern (z. B. Teilnahme an Bällen, am modischen Kleider-Schnitt und -Wechsel) ist nicht bloß Vergiftung der Gegenwart, wie etwa oft bei den Eltern, sondern Vergiftung der Zukunft; denn jeder elterliche Luxus wird im Kinde ein verdoppelter, weil es, bei seiner noch überfüllten dichten Knospen-Natur voll Gegenwart und

Traum zugleich, nur auf einen halben Sold und in einen halben Feiertag gesetzt zu werden braucht, um weit mehr als die Eltern mit ihrem ganzen zu haben. O warum ist das Geben so oft nur verkleidetes Nehmen und so manches Geburtstags-Geschenk ein Kirchenraub des Heiligsten!

Was oben vom Volke galt, gilt noch mehr von Kindern; nicht der Magen- oder Einsiedler-Luxus oder der *genießende* ist der giftigere (denn unsere Alten haben ihn auch gehabt und nur den Überreiz durch Übermaß sich ersetzt), sondern der Augen- oder Gesellschafts-Luxus, der scheinende; denn die hierüber verordnende Phantasie und Eitelkeit finden und setzen, wie alles Geistige, keine Grenze, und man schränkt leichter das Schwelgen als das Schimmern ein; jener ist die oft erdrückende, aber giftlose Riesenschlange, dieser die schimmernde Brillen- oder die vorlaute Klapperschlange, und beide sind die giftigsten Tiere.

Aber wer soll helfen? An wen soll die Rede sich richten? – An die Männer nicht. Sie, überhaupt mehr in Gaumen- als in Augen-Luxus versunken – eine Welt voll Männer würde wenig zu prunken suchen, desto mehr eine voll bloßer Weiber – und ohnehin den weiblichen Pracht-Ordnungen untertan und zinsbar, vermögen hier nichts. An die Weiber wend' ich mich noch weniger, diese gewähren hier nichts; überall mehr als jene auf fremde Meinung geimpft, stecken sie mehr ins Ohr als jene in den Magen – ein feines Tischzeug ist ihnen, wenigstens dem Geschmacke nach, ein indianisches Vogelnest – ihre verschleierten Taten (gegen die prahlend offengelegten der Männer) wollen sie sich wenigstens durch aufgedeckten Schimmer an sich und den Ihrigen belohnen – auch haben sie sich zwei Geschlechtern auf einmal in teuern Äußerlichkeiten zu zeigen, wir kaum einem – sie können mit dem ihrigen nicht, wie wir mit unserm, auf Hieb und Stoß zweikämpfen, sondern mit Geld- und Glanzsucht – und endlich hilft keine Predigt im Auerbachischen Hof. Kurz die Weiber sind die ewigen Tierwärterinnen des Raubtiers des Luxus, die Schutzheiligen dieses verwüstenden Sünders und am Ende die Seelen-Einkäuferinnen für Amerika, wohin und worunter die Not hinweht und treibt, welche, ähnlich der Strafe des Kielholens, die den Verbrecher unten um das Schiff herumzieht, ebenso andere um die Erdkugel herumschleppt.

Aber an wen wend' ich mich denn? An die Mütter! Und diese red'
ich an voll Hoffnung, daß sie, wenn Spartanerinnen und Römerin-
nen für das Vaterland Schmuck, sogar Haare opferten, für ihre
Töchter nicht weniger tun und sie durch Beispiel und Gewöhnung
von dem Abgrunde wegziehen, der sich wie ein Bergwerk tiefer
gräbt, je mehr Gold daraus geholt worden. Keine Mutter sage, daß
sie ihr Kind länger liebt, als sie es an der Brust oder an der Lippe
hat, wenn sie das arme Wesen in eine verarmte und verdorbne Zeit
mit den Bedürfnissen der Unersättlichkeit hinausschickt. In Piemont
pflanzt der Vater bei der Geburt einer Tochter 1000 Pappelbäume;
im sechzehnten Jahre ist ihr aus der Erde eine Mitgabe von 16 000
Livr. erwachsen.[4] Aber welch eine noch schönere, jährlich sich ver-
doppelnde Mitgabe wäre eine ganz andere Pflanzung in den Töch-
ter-Herzen, die, welche einmal in den spartanischen und erst-
römischen blühte, die Verschmähung des Scheins und Prunks! Wie
würde dann das dunkle deutsche Leben gelichtet! Wie leicht würden die neuen Lasten werden und wie stark die Kraft, sie abzuwer-
fen oder keine neuesten aufzuladen! – Aber wie kann es geschehen?
Nicht durch eine Mutter, sondern durch Mütter, und der Himmel
und die Ehemänner mögen sie uns bescheren!

---

[4] Reisen des Abbé Coyer.

VIII.

GESCHLECHTS-ENTHALTSAMKEIT

Wäre man nicht schon von Predigten ganz fruchtloser Worte ge-
wohnt und gewärtig: so würd' ich die folgenden für Geschlechts-
Enthaltsamkeit ihres Lächerlichen wegen kaum wagen. Nach der
Astronomie erscheint oben im Venusstern die Erde gerade wie die
Venus selber; und in der Tat ist er nicht erst bloß in diesem Jahre
der Planet, der die Erde regiert! Wie Sitten, Moden, gesellschaftliche
Tagestöne und Ordnungen, Gesetzgebung und selber die Schriftsteller sich zu einer Unkeuschheits-Kommission verknüpfen oder
zu einem Sturmlaufen gegen die einzige Feste der Enthaltsamkeit,
gegen die Verschämtheit, dies kann auch der Niedrigste sehen,
wenn er in die höhern Stände hinaufsieht; denn in den niedrigsten
und mittlern sind allerdings Ehebrüche weniger geschätzt. Vergeb-
lich wollte die Natur mit einer Krankheit, die jetzt bloß die europäische heißen sollte, etwas für das Sittengesetz tun, vielmehr ver-
mehrte sie mit den Körper-Stigmen das unverschämte Schautragen
der Seele; jetzt hat die europäische Krankheit wieder jenen schönen
Grad der Unschuld erobert, den sie sogleich bei ihrem ersten Erscheinen auf Peters Stühlen und Thronen besessen.

Auch wenig verfängt, was etwa gute modische Nachahmungen
des alten Deutschlands dagegen versuchen; unter welche wohl die
wieder vorgesuchte Gewohnheit der Tacitus-Deutschen zuerst gehören möchte, welche die Jugend bis ins dreißigste Jahr unbekleidet
gehen hieß; denn da leider jedes Geschlecht sich eine andere Hälfte
bekleidet vorbehält, z. B. die Männer die obere, so ist der sittliche
Zweck im Vorteil dieser Entblößung so gut wie *halb* verloren.

Was kann denn, wird man fragen, aus dieser fortfressenden Un-
sittlichkeit Schlimmeres werden, als ihr schon seht an Cäsar, Alcibi-
ades und dem Volke, das euch überwand? Denn alle diese haben
Glatzen und Lorbeerkränze gemein; und der französische Soldat
stürmt gleich leicht Festungen und Weiber. Und warum soll denn
Besiegten Ähnlichkeit mit den Siegern schaden?

Ich antworte: des Pols wegen. Der Süd- und Glut-Mensch, vom
Franzosen an durch den Italiener bis zum Portugiesen hinauf, war

nie durch klösterliche Enthaltung berühmt – daher eben nach gewöhnlicher Widersprecherei des Menschen die warmen Länder die kalten Klöster geboren –; aber der Feuer-Mensch hatt' es auch weniger nötig, das Klima ist seine Kraft und seine Schuld und seine *politische* Entschuldigung.

Was hingegen wider das Ganze kämpft, dessen Vertilgung und Verscheuchung heiligt sich zur Sitte und Zucht; daher von England bis Grönland und durch Schweiz und Holland hindurch die größere Enthaltsamkeit gleichsam auf physischem und moralischem Boden zugleich wurzelt. Die geographische Kälte fodert so stark die moralische, daß der Norden mit der europäischen Krankheitsgeißel viel giftiger züchtigt als der Süden. – Und denkt an eure großen Alt-Deutschen, um zu bewundern und zu erröten! Wenn diese Kraft-Körper und Kraft-Geister sich außerhalb des Kriegs in weiche Ruhe hinstreckten und täglich sich betranken, dann sich verspielten und oft erschlugen, ohne gleichwohl aus dem dreifachen Rausche in den vierten der Geschlechts-Unenthaltsamkeit zu sinken; und wenn der reife Gewalt-Jüngling erst im dreißigsten Jahr einlernte, was man jetzt da verlernt hat, ein Mann zu sein: was sagt ihr zu dieser Reinheit und Kraft des Alt-Nordens und dann zum Neu-Norden, der weniger trinkt und mehr verführt, und der ganz nüchtern sich selber zu Versuchungen versucht?

Als ob der Protestantismus auch im Geschlechts-Punkte wie in so vielen andern den Norden und die Kälte behauptete, wie der Katholizismus den Süden und die Glut: so hob er bei seinem Entstehen in den deutschen Städten die säkularischen Ex-Nonnenklöster auf und führte die größere Zucht mitten in die Zügellosigkeit seines Geburtsjahrhunderts zurück. – – – – – – – – –

Was die Folgen anbelangt, so sehen wir sie in den höhern Ständen, wo an dem Altare der Bräutigam so oft wie eine römische Braut dasteht, welche bekanntlich mit den Haaren eines *Greises* geputzt sein mußte, ferner mit einem *Joch* am Halse und mit einem Schleier-Gesicht; wenn dann der Bräutigam so überglücklich ist, den ältern Göttern nicht zu gleichen, bei denen sich Plinius[5] darüber verwundert, daß sie so viele Jahrhunderte in der Ehe leben,

---

[5] H. N. Lib. II.

ohne Götter zu zeugen: so will doch der vornehme Nachflug, womit er Prunksäle und Paradeplätze verziert, nicht recht zur Parade und zum Prunk derselben gehören. Wenn, wie der heilige Cyrillus[6] meinte, die frühern Menschen für die Wollust durch Riesenhaftigkeit der Geburten (der Nephilim) bestraft wurden: so wird jetzt von der Natur eine entgegengesetzte Strafe verhängt, und ein deutscher Feind braucht nicht einmal erst den Xerxes[7] nachzuahmen, welcher letztere den überkräftigen Babyloniern zum Entkräften die Ausgelassenheit befahl.

Das zweite Unglück ist, daß, wie die Männer überhaupt durch Weichlichkeit weit mehr verlieren als die Weiber, jene sich durch Wollust in dem Grade abstumpfen, als diese sich dadurch verfeinern. Und dann weiß Deutschland seine Zukunft. Die letzte Stufe des Wachstums der Pflanzen ist nach Bonnet die letzte der Verhärtung; bei Staaten ists die letzte der Erweichung. Was nun gegen dieses Entnerven der höhern Stände, welche gerade die Ruderstangen Deutschlands in Händen haben, vorzukehren ist, weiß niemand weniger als ich. Zucht, Ehrbarkeit u. s. w. ist Sitte oder Religion, wie in der Vorzeit, in der Schweiz u. s. w. Bessere Gesetze holen die schöne Sitte nicht zurück; doch bahnen sie ihr ein wenig den Rückweg. Irgendeine begeisternde Idee hälfe vielleicht am meisten – und allerdings ist diese da für Menschen, welche Deutsche sind.

Ein zweites Gegengift haben die Dichter in Händen, so wie das Gift auch: es ist heilige Darstellung der höhern Liebe, welche, wenn nicht den Mann, doch den Jüngling lange beschirmt. Zeit bei der Jugend gewonnen, folglich Alter, ist alles gewonnen, denn die Jugend ging nicht verloren. In dieser Hinsicht haben wir unsern empfindsamen Romanen mehr zu verdanken als die Franzosen ihren frivolen; unsere geben vom Lebensbaum, ihre höchstens vom Erkenntnisbaum. Aber welche schreibende Hand dem Beispiel mit dem Buche, der Sünden-Prose mit der Sünden-Poesie zu Hülfe kommt, und welche die Verwundeten der Zeit vergiftet, nie werde diese Hand von der eines Freundes gedrückt oder von der eines Weibes angenommen.

---

[6] Allg. Welthistorie, 1. B.

[7] Alex. ab Alex. II. 13.

IX.

EGOISMUS

Wie weit das Wachstum des Egoismus oder der Ich-Sucht seinen Giftbaum-Schatten wirft, sehen wir sogar aus der Wahl der jetzigen Freuden, welche meist in einem Post- und Wirtshaus-Leben bestehen; wie der Anwachs der Klubs, Harmonien, Museen u. s. w. bezeugt. Je mehr Geselligkeit, desto weniger Anteil; – Höfe, große Städte, große Reisen bezeugen, obwohl durch lauter Freuden und Freudenfeuer, dieses Verhältnis des geselligen Frostes. So ist es z. B. einem Zirkel von Egoisten viel behaglicher – denn es spart dem Wirte Mühe und den Gästen Dank und beiden beschwerliche Teilnahme –, wenn sie sich untereinander außer dem Hause abspeisen, so daß in glänzenden Häusern sogar der Wirt bei sich selber zu Gaste ist. – Allerdings genießt der Ichling den größten Grad häuslichen Glücks, nämlich nur sein eignes, und er ist seine eigne geschloßne Gesellschaft; in seinem Herzen ist keine Kammer der auswärtigen Angelegenheiten, und der sieht, wie Gott, nur aufs Innere und auf keinen andern Menschen als auf seinen innern.

Woher diese Kälte, worin die Menschen wie die Erdschnecken im Froste sich mit Verhärtung ihres weichen Saftes in ihre Gehäuse einspünden? – Woher kommts, um jene Frage durch eine zweite zu beantworten, daß in geselligen Residenz-Städten mehr Ichsucht regiert als in ebenso großen, aber weniger geselligen Hansestädten? Daher, weil dort ein gemeinschaftlicher Tatenzweck wegfällt. Menschen, die miteinander Hand in Hand auf *ein* Ziel alle losgehen und hinarbeiten, lernen einander in diesem Einigkeits-Zwecke lieben. Daher wird stets in politischen Klubs weniger Selbstsucht als in gesellschaftlichen regieren; daher ist mehr Liebe auf Schiffen, in Schlachten und sogar bei Innungen – daher steigt die Ichsucht am stärksten mit dem Sinken des Vaterlandes, d. h. des Eifers für dasselbe.

Der reine und verwaisete Mensch begibt sich mit dem enterbten Herzen ins häusliche Glück, der andere, der Freuden-Schwindler, wirft sich in das Freuden-Meer, wo ihn Zirkel nach Zirkel umfließen. Das Leben der Griechen und Römer wurde mehr außerhäuslich und unter der Menge geführt, aber eben dadurch auch für Kinder und Weiber mit, welche wieder ihrerseits patriotischer waren als neuere Männer und häuslicher als neuere Weiber. In England bestand bisher die größere Liebe des Vaterlands, der Familie, der Weiber, folglich die rechte Ausgleichung der häuslichen und außerhäuslichen Glückseligkeit.

Vielleicht hat diese Ichsucht durch die letzten Marterjahre Deutschlands mehr verloren als gewonnen. Seit langem haben die reichen Deutschen nicht so viel für arme Deutsche getan als jetzt die verarmten. – Auch verträgt sich der Krieg als ein vielseitiges Bündnis zu *einem* Zwecke, um entweder abzutreiben oder anzugreifen, schon weniger mit Ichsucht. – Ferner: Not verknüpft notwendiger und fester als Lust, weil mehr daran gelegen ist, die Wunde abzuwehren, als den Kitzel aufzuhaschen. – Endlich: vielleicht haben die bisherigen Äquinoktial-Stürme uns das Vaterland wie einen Frühling aufgedeckt, mancher Schnee ist geschmolzen, und wir sehen das Hoffnungs-Grün des teuern Bodens.

X.
VERMISCHTE GELEGENHEITS-SPRÜCHE

Mitten in einem Kriege erscheinen jetzt mehr Friedensschlüsse als sonst nach einem Kriege; so sieht man oft auf dem Meer, wenn es bei Sonnenschein stürmt, mehr als zwanzig Regenbogen liegen, statt der wenigen hohen nach einem Land-Gewitter.

*

Ich habe zwar manches gegen unsere jetzigen Jeremiaden-Sänger, aber doch auch vieles für sie, das hier folgt. Während der Pest schleicht ungehört der mit Tuch umwickelte Pestkarren durch die Straße, und keine Totenglocke sagt das ausgedehnte Sterben an. Aber ordentlich neu belebt wird jeder, wenn er wieder ein ordentliches Leichen-Geläute vernimmt! Er weiß nun, das Weh ist vorüber – und das Wohl heran! Es ist schön, daß das La Trappe-Kloster abbrannte, ohne daß einer der Mönche das Schweigen brach[8] ; es ist schöner, daß unsere Länder keine Trappen-Klöster sind, sondern reden.

*

Die stärksten Erdbeben fallen in den Herbst und ins Jahrs-Ende, sagt Kant; er hat also, nach seinem Todesjahre zu schließen, nur die physischen gemeint.

*

Im längsten Frieden spricht der Mensch nicht so viel Unsinn und Unwahrheit als im kürzesten Kriege; denn da es in diesem beinahe keine Gegenwart gibt, sondern nur Angst und Wunsch und Hoffnung, diese Bürgerinnen und Seherinnen der Zukunft, im Frieden aber mehr Gegenwart: so ists natürlich, daß man nichts schlechter sieht und malt als das, was noch nicht da ist.

---

[8] Forsters Ansichten I.

*

Manche Staaten gleichen Orgelpfeifen, die man bloß deswegen
sehr lang macht, damit man sie richtig stimme durch Abschneiden.

*

Der flachste Tropf kann sich seit einigen Jahren in seinen Großva-
terstuhl mit der Schlafmütze setzen und ein altes romantisches Heldenbuch in die Hand nehmen und seine prosaische Pfeife – und
doch in seinem Stuhle die größten Zeiten erleben, ja Begebenheiten,
die größer sind als selber die Täter, ohnehin größer als der Tropf,
der sich solche Sagen natürlich nicht träumen ließ, sondern nur
vorlesen.

*

Für zwei Politiker, die einander ins Gesicht zu widersprechen
wünschten, wär' ich imstande, hier die nötigen widersprechenden
Gleichnisse – falls nämlich der eine die Zerteilung eines großen
Staats in kleine blumig zu empfehlen suchte, und der andere Ein-
schmelzung der kleinen in einen großen – unparteiisch für *jeden*
zwei Gleichnisse, ein edleres und ein niedrigeres, nicht nur anzubie-
ten, sondern auch schon abzuliefern; also für den ersten Politiker
oder dessen Satz könnte bildlich sich so ausgedrückt werden, daß
man anfangs edel sagte: ebenso werden große Spiegelgläser, die
Blasen haben, mit Vorteil in kleine reine zerschnitten; dann aber
weniger edel so: bei Teichabziehen werden die großen Fische behalten und nur die kleinen ins Wasser befreit zurückgeworfen; – für
den entgegengesetzten Politiker und Satz könnte das edlere Gleichnis so lauten: ebenso hat Tschirnhausen kleine Diamanten zu *einem*
großen durch seinen Brennspiegel zusammengelötet; was unedler
etwan so auszusprechen wäre: ebenso bleiben die Mücken im Spin-
nengewebe hangen, nicht aber die Bienen und Wespen.

*

Ich wünschte, ich hätte ein edleres Gleichnis, um die deutsche
Tauglichkeit für echte Wissenschaft und Freiheit anzupreisen, als
die Bemerkung *Bechsteins*, daß eben Hartnäckigkeit und Ungeleh-

rigkeit stets die besten Vorzeichen eines vortrefflichen Hühnerhundes sind.

*

Ob man uns das Maß zu einem Krönungskleide oder zu einem Sarge genommen, kommt auf niemand anders als auf uns selber an.

*

Wir wohnen jetzt noch im Baugerüste der Zeit – und freilich ist ein Gerüste nicht die bequemste Wohnung. Aber unsere vorige war ja noch zerlöcherter und durchsichtiger als irgendein Gerüste, gleichsam nur das Gerüste zu einem Gerüste.

*

In unsern Tagen war es leichter, Großmut, Genialität und jedes Große der Kraft und Einsicht zu erleben als bloße Gerechtigkeit und Rechtlichkeit; gleichwohl wird das große Gedächtnis der Geschichte die Ausnahmen behalten und besonders einen Fürsten beklagen und verehren, der den Beinamen des Rechtlichen verdient.

*

Was die Franzosen am Ruhme, Dichter zu sein, einbüßen, kommt ihnen wieder an der Ehre, gute Sprecher vor Schlachten und vor Gericht und im Zimmer zu sein, zugute; so wie gerade die Vögel, die nicht singen, gut sprechen lernen. Indes wäre es zu wünschen, der Papagei würde deutscher Sprachmeister und der Schwan französischer Singmeister.

*

Dem vom Himmel gefallenen Schilde, das den Römern die Weltherrschaft versprach, ließ Rom mehrere Gleichbilder nachmachen, um es durch Verwechslung zu behalten; eben diese Schilde und den heiligen Spieß von Mars bewegte jeder in Krieg ziehende Feldherr und sagte: Mars vigila. – Wem war Friedrichs II. Degen nun ähnlicher, dem Spieße oder den Schilden?

*

Der Elefant, der sich vor der Maus fürchtet, weil sie in seinen Rüssel kriechen kann, oder die Schlange Mimia, welche, eh' sie einen Hirschen verschluckt, scheu nach Ameisen umschauet, die sie in ihrer Sättigungs-Unbehülflichkeit übermannen könnten, diese sind nicht furchtsam, sondern nur klug. Das Beispiel dieser in der Geschichte so seltenen Klugheit wurde in den neuesten Zeiten nicht vom kältern, sondern gerade von dem feurigern und sieghaftern Volke gegeben, das seinem Heerführer nachstieg, der stets mitten im Glück Unglück voraussetzte, berechnete, bestritt und abwandte. Auf Bergen ist früher als unten *Licht* und *Eis*.

*

Selten verstehen die Nachfolger eines Genius das bis in den Leuchter herabgebrannte Licht hinaufzuschieben; daher schmilzt Licht und Leuchter.

*

Jeder Staat geht zuletzt zugrunde, der ein Tretrad ist, das dessen Menschen nur bewegen, ohne sich auf dessen Stufen zu erheben.

*

Von etwas wird uns die Zeit oder die Franzosen erlösen: von den vieläugigen Kollegien – ein Argus, den oft umgekehrt die Io bewacht –, welche den Insekten gleichen, die durch die Menge von Augen der Unbeweglichkeit derselben abhelfen, oder durch die Menge von Füßen der Langsamkeit.

*

Nicht die großen Schauspieler bekommen gewöhnlich die Rollen der Geister, der Bildsäulen und der Prügel; auch wir haben poetischen Geist, prosaische Unbeweglichkeit und zuweilen etwas auf dem Rücken gezeigt.

*

Himmel! wie gut wär' es, wenn jeder Fürst den Aufsatz des Herrn v. Steigentesch über stehende Heere und Landesbewaffnungen im Septemberstück der Minerva von 1807 läse! Und überhaupt die ganze Minerva! Und ohnehin viel Bücher, besonders wenn Aristoteles in seiner Politik (III. 11) recht hat, daß gerade aus dem Mittelstande (jetzt der Feder-Stand) die größeren Gesetzgeber gekommen! – Die Stelle eines fürstlichen Bibliothekars oder auch Vorlesers für den Fürsten könnte die wichtigste und heiligste im Staate werden, mit Veränderungen, die hier nicht sogleich in die kurzen Gelegenheits-Sprüche einzupressen sind.

*

Die Alten bilden Flußgötter mit gehörnten Stierhäuptern ab. – Vollends aber die englischen Meer-Götter? Gestoßen haben sie uns in den neuesten Stier-Gefechten genug und haben die Freiheit der ganzen Erde auf eine enge Insel einpferchen wollen. Ihnen bleibe gern die Land-Freiheit, aber uns komme endlich die breite Wasser-Freiheit, und der bekannte Mann, der auf das feste Land seinen Ring geworfen, wie sonst der Doge seinen in die See, hat allerdings recht, daß er die Völker nicht als die Schiffszieher der Briten will keuchen sehen.

*

Ihr habt euch anfangs zu viel zugetrauet und später zu viel gemißtrauet; wie Strangulierte zuerst lauter bunte Farben sehen, aber zuletzt nur die schwarze. Zum Glücke ist jetzt die Mitte näher, das Licht.

*

Jeder glaubt und sagt, die Vergangenheit, d. h. die Geschichte, gebe die rechte Lehre der Zukunft; aber fehlts denn dem Menschen an irgendeiner Vergangenheit, an eigner oder an fremder? Kommen wir nicht alle von gestern her? Jeder hatte Vergangenheit genug in sich, um eine reine Zukunft auszubilden; aber jede Zeit – welche von den dreien es auch sei – wird nur vom schöpferischen Sinn erfaßt; und es ist mithin einerlei für diesen, von Gegenwart zu lernen, oder von Vergangenheit, oder von Zukunft.

*

Das Wasser steigt nie so hoch, als es gefallen; aber der Mensch oder das Volk fällt nie so sehr, als es gestiegen; und wollte uns nur ein höherer Genius den Umweg des Steigens und die Schneckentreppe sagen, damit wir frischer aufstiegen!

*

Jeder Kriegs-Sturm gleicht dem Sirokko-Wind: die Gestirne scheinen zu schwanken, so fest sie auch auf der alten Stelle oder Bahn beharren.

*

Warum fiel sonst gesetzmäßig das Haus eines Doge und das eines Papstes nach dem Absterben der Plünderung anheim? Und warum nirgends das Haus anderer Fürsten? Darum: an jeden Fürsten hat sich sogleich wieder der befreundete geknüpft.

*

Wenn Tränen Kristallisationswasser sind: so ist Deutschland in den *drei* neuesten Kriegen ein Edelstein vom ersten, zweiten, dritten Wasser geworden.

*

Die deutschen Formen und Förmlichkeiten gleichen den langen Kleidern, welche den, der ins Wasser fällt und springt, eine Zeitlang oben halten, aber nachher mit neuer Schwere tiefer ziehen. Ich lobe mir einen nackten Schwimmer. – Bis hieher waren Zivil-Kollegien eine gute, obwohl umgekehrte Nachahmung des Kriegsstandes: wenn der Feldherr den Aufbruch des Heers um vier Uhr anordnet, so befiehlt ihn der General schon um drei Uhr, der zweite Untergeordnete noch früher, und der letzte am allerfrühesten; natürlich aber ist, wie gesagt, bei Zivil-Kollegien die Nachahmung umgekehrt, und die Befehle vor Christi Geburt werden nach Christi Geburt vollstreckt.

*

Im vorigen Venedig wurde nie ein Inländer zum Generalissimus der Kriegsmacht genommen, sondern ein Ausländer; bloß weil wir dies nicht früher getan, tun wir es jetzt.

*

Tief-nördliche Völker, wie Schweden, oder sonst abgesonderte dürfen Jahrhunderte auf der Löwenhaut ruhen, und sie richten sich doch als Löwen auf. Aber das wärmere Deutschland, dem nicht die Härte des Eises beisteht, und an welches überall heiße Zungen lecken, dies bedarf eigner Regsamkeit gegen jede fremde, wenn nicht seine Eisberge an dem umgebenden Süden schmelzen sollen. Man vergebe die Bilder. Der Teich Bethesda heilte nur bewegt; zarte Früchte erfrieren nicht auf Zweigen, die sich regen. – Die Zeit hat uns bewegt.

XI.
HOFFNUNGEN UND AUSSICHTEN

Die ängstliche Gebärde der Zeit unter dem Alpdrucke einer ver-
borgnen Schlummer-Lage kann nur die Übel verhärten, die man
beklagt. Dem ersten Schmerze ist Übermaß natürlich und verzeih-
lich. Was Helvetius sagte: juger c'est sentir, geschieht umgekehrt:
sentir c'est juger, obwohl beides falsch ist. Wir sehen am Ende Re-
deblumen, wie Fieberkranke die Bettblumen, für Gestalten an, die
sich drohend regen. Himmel! wie anders aber erduldeten unsere
Vorfahren ein ganz größeres, ein dreißigjähriges Weh! Was sie auf
der Erde begruben strahlte ihnen widerscheinend aus dem Himmel
zurück; und gegen jeden Schmerz gab es einen Gott, der ihn in eine
Freude der Zukunft umschuf.

Aber jetzige Furcht kennt keinen Gott, sondern nur den Teufel,
der seine Hölle täglich tiefer wühlt und wölbt. Wenn man wenige
Schriftsteller ausnimmt – und nur diese nach ihrem politischen
Glaubenssystem –, so lieset man überall nur abgedruckte Weiber;
aber alte Christen, alte Stoiker, alte Scherzmacher treff' ich selten an;
und um ein Almosen für ein geplündertes Dorf weichen Herzen
und nassen Augen abzuquetschen, verleugnet man deutsche Männ-
lichkeit und kecke Ansicht und schmelzt sich und andere, um damit
härtere Metalle in Fluß zu bringen. Obgleich noch so manche deutsche Staaten-Teile frisch und heil dastehen, so machen es doch die
Schriftsteller aus ihnen wie die Neu-Griechen auf Morea, welche
(nach Pouqueville) alle, so gesund und rüstig sie auch einhergehen,
die letzte Ölung nehmen, sobald ein Mönch durchreiset, weil, sagen
sie, ein solcher Mann nicht alle Tage zu haben ist.

Nur ists schlimm, daß politisch nicht hilft, was physisch errettet
vor Gewittern und Bären, nämlich scheinleichenhaftes Hinlegen auf
die platte Erde (*in* sie täte eher etwas); jedes Volk vergeht, wie ein
faulender Schwamm zerfließend, wenn es keinen Mut mehr hat;
ohne Hoffnung aber gibt es keinen; und wie nach Bako die Hoffnung dem Körper, so ist sie noch mehr dem Staatskörper gesund.

Was heißt Aussichten Deutschlands oder Europas? die auf ein
Jahr, oder auf ein Jahrhundert, oder ein Jahrtausend, oder auf die

ganze Erdenzeit? – Man darf eben keine Zeit nennen und meinen, sondern nur die ewigen Naturgesetze, welche ja schon hinter uns in der Geschichte thronen und reden.

Die Wilden halten kurze Verfinsterungen der Sonne und des Monds, und Adam in der Epopöe die noch längere Phase, nämlich die Nacht, für Welt-Untergang; wie leicht müssen wir nicht bei ringförmigen Finsternissen und Nächten der Staaten, die zumal oft länger sind als unser Leben, furchtsame Irrtümer der Zukunft empfangen, indes sie gleichwohl der erste Sonnenblick des Naturgangs vertilgt! Und man müßte daher ein Jahrtausend Leben hinter sich haben und folglich eines vor sich, um nie zu verzagen, sondern stets zu vergleichen.

Aber euch sollen Ideen statt der Jahre dienen, und Gott sei die Ewigkeit. Dann fürchtet, wenn ihr könnt.

Doch wir haben hier statt der Aussicht vom Gipfel bloß die tiefere vom Zweige nötig, um die Welt und die Hoffnung zu sehen. Will man Hoffnungen nicht zugestehen, so nenne man sie Träume; nach Kant aber sind auch dem tiefsten Schlafe Träume nötig, um das Leben anzufachen. Bei Staaten wird der Irrglaube, etwas zu vermögen, leicht zur Wahrheit, so wie Franklin sagt, um zu schwimmen, brauche man sich nur einzubilden, daß mans könne.

Wenn es eine bekannte Klage ist, daß die neueren Staaten mehr Staatskörper, die alten hingegen Staatsseelen sind, welche mehr mit dem Geistigen bewegten und verknüpften, durch Beredsamkeit, durch Sitten, durch Musik, nicht durch hölzerne Räderwerke des Formalismus: so fällt diese Klage auf keinen Staat gerechter und verstärkter als auf den deutschen. Schon im Gegensatz gegen die alten unumgewälzten Franzosen, bei denen gerichtliche Beredsamkeit, allgemeine, selber die Könige zügelnde Meinung, der schnell auflodernde Enthusiasmus für jede Neuheit, die Blitz-Gewalt der Bonmots, deren elektrisch durchschlagende und oft die Pole umkehrende Wirkung wenigstens für einen geistigen Einfluß spricht, – schon gegen jene früheren Franzosen standen wir zurück mit unserer politischen Maschinenmeisterei. Unsere äußerliche Förmlichkeit – unsere träge Nachäfferei, welche die auswärtigen Modepuppen als bestimmende Glieder- und Flügelmänner für uns wählte – gewissermaßen unsere außerordentlichen Gesandten und Professoren, die weniger gelten als der ordinarius – unsere Sessionszimmer, worin die Köpfe wie die Bäume im Winter so stehen, daß der fruchtbare ebenso aussehen muß wie der unfruchtbare und folglich umgekehrt – unser politisches Verzichttun auf jedes Frei-Geistige und unsere Fluchtstrafen eines jeden Schritts aus dem Marschreglement oder der Schrittordnung der Kollegien-Schnecken – unser Exerzier- und Prügel- und Alt-Jährigkeits-Wesen, das Greise für Veteranen nimmt, bloß weiße Köpfe für weise, oder kahle für volle, kurz den Alters-Winter für Kriegs-Feuer, als ob ein alter Mann nicht weicher gebettet zu werden verdiente als aufs Ehrenbette[9] : alles dies, was dem deutschen Reichs*körper* so wenig Reichs*seele*, spirit public, esprit de corps eingeblasen, und was ihm so sehr alle Einheit des Lebensgefühls genommen, daß er wie der Krebs, seine rechte Schere mit der linken kneipend, diese als feindliche voraussetzend, absprengte – alles dies, was das deutsche Reichskabinett zu einem Modellkabinett von Maschinen macht und selber die Maschinengötter wieder zu Maschinen und den Staatsherren zu einem hölzernen Kempeles Schachspieler, der lebendige Untertanen auf dem Schachbrett seines Territoriums ruhig hin und wider stellt und zieht – alles, womit wir dem Vogel Strauß ähnlich wurden, der zwar einen starken Magen, aber kleine Flügel hat: dieses Deutschen-Übel werden die Beispiele und die Folgen der Zeit und die Nähe und die Einwirkung einer im politischen Leben so begeisterten Nation, wie wir im dichtenden, zu brechen dienen.

Wenn sonst mancher deutsche Thron-Genius, anstatt seinen Geist fortzupflanzen und sein Volk sich zum Nebenbuhler zu erziehen, dieses nur zum Lastträger und Zeiger seiner Gedanken machte: so ging der Staat, wie Pfaffius' Terzienuhr, noch fort, sogar noch eine Stunde, nachdem das Gewicht abgenommen war; dann stand er. Aber der jetzige Astralgeist und regierende Planet Europens (der Abend- oder Weststern) will aus seinem Geist Geister machen und damit Körper nicht bloß erschaffen oder bewegen, sondern auch

---

[9] Sonderbar, daß man für die höhern Kriegs-Würden bisher nicht das Kraftalter als die rechte Zeit annahm, indes doch auf der höchsten ein Alexander, Cäsar, Karl XII., Friedrich II., Napoleon u. s. w. gerade in der Jugend ihre Glanz-Siege schufen; wozu noch kommt, daß diese als Oberbefehlshaber doch mehr die Kälte und Einsicht des Alters nötig hatten, so wie die meist nur ausübenden Unterbefehlshaber mehr die Feuer-Macht der Jugend.

beseelen. Dieses Beispiel wird auf nähern und fernern Wegen auf uns Deutsche herüberwirken, wie Friedrich II. auf Joseph II., und wir fangen vielleicht in einem höhern Sinne als bisher Östreich das Militär-Jahr vom November an.

*

Ihr scheltet die Zeit klein? Folglich sagt ihr, daß sich etwas Großes in derselben gezeigt, was den Rest zum Zwerg und Tal gemacht. Es entsteht keine verkleinerte Zeit ohne eine verkleinernde. Die echtkleine Zeit ist die Ebene und Stille, die sich in keine Tiefen und Höhen zerteilt. Freilich kann eine Zeit sich im Handeln so wenig selber als groß erfinden als ein großer Mann sich im Unternehmen einer großen Tat; wie könnte dem etwas groß erscheinen, ders eben vermag und dem es leicht und tulich ist, der aber erst weit hinter der Wirklichkeit seine Felsen und Riesen sieht! Zwar kann er sie auch in der Vergangenheit oder Geschichte erblicken; aber der Fall bleibt derselbe, weil diesseits und jenseits der Gegenwart das Ideal regiert.

Aber inwiefern gehört dies unter die versprochnen Hoffnungen? Insofern: weil jede Kraft zuletzt die fremde stärkt – weil die Wettbahn der Kräfte sich auftut – weil überhaupt der Mensch sich am Menschen ermannt, wie Montaigne schon vom bloßen Anschauen Gesunder zu leben versprach – weil zum Glück die Größe sich zwischen Sieger und Besiegte verteilte – und weil wir ja keine Griechen sind, sondern Deutsche.

*

Der Krieg ist die stärkende Eisenkur der Menschheit, und zwar mehr des Teils, der ihn leidet, als des, der ihn führt. Ein Kriegsstoß weckt die Kräfte auf, die das lange Nagen der täglichen Sorgen durchfrißt. Im Frieden kriecht der Bürger so leicht mit weicher Schlaffheit durch und deckt sich gegen die Gefahren, wie gegen die Bomben, nur durch Wegheben des Steinpflasters und des hohen Dachs und durch Ausbreiten des weichen Düngers; aber der Krieg fodert den waffenlosen Bürger zum Zweikampfe mit der Übermacht und Gesetzlosigkeit heraus, er verlangt jede Minute ein Männerherz und ein Männerauge und verpanzert mit den größern Gefahren gegen die kleinern. Da sich die stärkere Tapferkeit nicht im Einrennen und Einschlagen, sondern im Festhalten erweist: so braucht oder erbt sie eben im Kriege der unbewaffnete Bürger mehr als der bewaffnete, noch abgerechnet, daß jener mehr Schätze und nähere Menschen zu verlieren und zu behüten hat als dieser. Ist aber dies: so muß der Krieg den nächsten Zeiten mehrere wahre Männer zugebildet und zurückgelassen haben und dem Vesuve gleich geworden sein, nach dessen Aschen-Würfen (das Kriegsfeuer liefert ja Häuser-Asche und Menschen-Asche genug) der anfangs durch sie erstickte Pflanzen-Wuchs üppig emporschießt. – Und was begehren wir mehr für die Zukunft als Männer? –

*

Ganz als Gegenfüßler der Franzosen und Sems, der den Mantel auf den entblößten Vater warf, ziehen wir ihn noch ein wenig weiter vom Vaterlande hinweg und rufen wie Cham die Spötter herzu; aber jene siegen durch Schminken eher als wir durch Schwärzen, so wie überall den Geist Lohnen weiter treibt als Strafen. Indes werden (in mehr als einem Sinne) deutsche Hefe und französischer Schaum bald sich senken und das Geistige ungetrübt nachlassen. Warum haben wir noch keinen Volks-Plutarch der neuesten östreichischen, preußischen, baierischen etc. Heldentaten und noch kein Heldenbuch so mancher mannhaften, hülfreichen und schönen Handlungen der unbewaffneten Deutschen? Wenigstens einen Mann kenn' ich, der gern in ein solches Heroum hineinsähe – schon angenehmer Erinnerungen wegen –, nämlich den, der zu unserm Glück in den deutschen Geist tiefer, würdiger und achtender eingedrungen zu sein scheint als das Volk, das er beherrscht, ich meine das französische. – Leset ihr indes innerlich in diesem ungeschriebenen Buche nach: so wird euch Deutschland der Sonne zu gleichen scheinen, welche, wieviel auch eine Bedeckung durch den Mond von ihrer Gestalt abschneide, doch stets ein ganzes rundes Strahlen-Bild in die dunkle Kammer wirft.

Es ist eine vorteilhafte Erscheinung, daß die Natur allen großen Helden – von Alexander und Cäsar an bis zu Karl dem Großen und Friedrich II. und Napoleon herüber –, gleichsam als einen Wundbalsam für verblutete Völker, Liebe und Eifer für die Wissenschaft auf die verheerende Laufbahn mitgegeben; so wie Apollo neben den Pestpfeilen auch die Lyra und die Musen tönen läßt. Die Wissenschaften bewahren, besonders wenn ihr Licht auf ausgedehnte Länder fällt, edle Kräfte, welche nie die rechte Freiheit verloren gehen lassen. Großes Licht verdichtet sich zuletzt zu Wärme, die die Menschheit mit Leben schwängert und mit Auferstehung segnet. Es ableugnen, hieße voraussetzen, daß der Mensch vom Teufel geschaffen worden, und daß er daher bloß der wissenschaftlichen Entwickelung und Reife bedürfe, um das teuflische Ebenbild an sich vorzuweisen, und daß das Herz des Ungebildeten so lange einen ruhigen kalten Gewürm-Laich oder Basilisken-Eierstock beherberge, bis diesen wie die Phönixasche das Sonnenlicht im Ausgebildeten zum Leben ausbrüte. Welche moralische Barbarismen und Baumschändereien der Menschheit hat nicht schon das wissenschaftliche Licht endlich fortgescheucht, von den priesterlichen Menschenopfern an bis zu den kaufmännischen, indem selber im Engländer der Licht-Mensch den Kauf-Menschen niederrang und den – Sklavenhandel aufhob. Deutschland, als das Urgebirge der künftigen europäischen Bildungs-Gang-Gebirge, wird sich mit seinen Musenbergen immer weiter und höher ziehen und am Ende die Erde mit Gipfeln umgeben und befruchten. Wenigstens Europa, hoff' ich, wird jetzt besser und anders als unter den Römern, die mehr Wissenschaften holten als brachten, von dem europäischen Macht- oder Allmachts-Haber durch die wissenschaftlichen Licht-Heerstraßen verknüpft und sich näher gebracht. Himmel! wenn man sich Portugal und vielleicht die europäische Türkei[10] und das Und-so-weiter die Parnaß- und Himmelsleiter besteigend gedenkt, auf der Süddeutschland schon steigt: welche Aussichten, wenn nicht des Bürgers, doch des Weltbürgers, wenn nicht der nächsten, doch der nahen Zukunft! O werde doch – möchte man wünschen, wenn Wünschen spornte – die neue Zeit, die Jugend der Verhältnisse mit Feuer von Fürsten und Schriftstellern gebraucht, um die echten Deutschen und das abgestumpfte Europa verklärt wieder zu gebären!

O rechnete und lebte nur jeder nach der Sternenzeit eines geheiligten Herzens: so würde er die rechte Stunde auch außen treffen,

---

[10] Am Schalttage 1808 oder am 24ten Februar geschrieben, der den Matthias in den 25ten vertrieb, welcher sonst das Eis bricht oder macht.

da das gemeine Außen mit seinen Stadt- und Länder-Uhren sich doch am Ende nach jener regeln muß.

Es gibt wohl einen Zufall, aber viele Zufälle derselben Art sind keiner; nicht einmal Geschick, sondern Schuld oder Lohn; nicht Menschen, sondern Sitten sind zu fürchten; nicht das fremde Ich, sondern das eigne.

Lasset zweierlei Alte euere Kinder unaufhörlich studieren, die klassischen und die eurigen, und sagt: Gott befohlen. Wie ein Papst bloß durch zwölf christliche Altäre das Coliseum vor dem christlichen Zertrümmern behütet hat: so sollten wir uns gegen Franzosen mit nichts so sehr wehren als mit ihren – Vorzügen, so daß wir bei uns als einheimische anpflanzten ihr zartes persönliches und vaterländisches Ehrgefühl, ihre Umsichtigkeit, ihre frohe leichte Lebens-Ansicht und ihren schnellen Entschluß.

Schafft und hofft; euch helfen und bleiben Gott und Tod.

Vergeßt über die nähere Vergangenheit nicht die fernere Vergangenheit, so wenig als die vielgestaltige Zukunft. Wie am langen Tage in Schweden die Abendröte ohne eine abteilende Nacht in das Morgenrot verfließt: so schmilzt jetzt Fürchten und Hoffen ineinander, West-Abend und Ost-Morgen; folglich ist das Aufsteigen der Sonne nicht weit. Amen!

Über tredition

Eigenes Buch veröffentlichen

tredition wurde 2006 in Hamburg gegründet und hat seither mehrere tausend Buchtitel veröffentlicht. Autoren veröffentlichen in wenigen leichten Schritten gedruckte Bücher, e-Books und audio-Books. tredition hat das Ziel, die beste und fairste Veröffentlichungsmöglichkeit für Autoren zu bieten.

tredition wurde mit der Erkenntnis gegründet, dass nur etwa jedes 200. bei Verlagen eingereichte Manuskript veröffentlicht wird. Dabei hat jedes Buch seinen Markt, also seine Leser. tredition sorgt dafür, dass für jedes Buch die Leserschaft auch erreicht wird.

Im einzigartigen Literatur-Netzwerk von tredition bieten zahlreiche Literatur-Partner (das sind Lektoren, Übersetzer, Hörbuchsprecher und Illustratoren) ihre Dienstleistung an, um Manuskripte zu verbessern oder die Vielfalt zu erhöhen. Autoren vereinbaren direkt mit den Literatur-Partnern die Konditionen ihrer Zusammenarbeit und partizipieren gemeinsam am Erfolg des Buches.

Das gesamte Verlagsprogramm von tredition ist bei allen stationären Buchhandlungen und Online-Buchhändlern wie z. B. Amazon erhältlich. e-Books stehen bei den führenden Online-Portalen (z. B. iBookstore von Apple oder Kindle von Amazon) zum Verkauf.

Einfach leicht ein Buch veröffentlichen: **www.tredition.de**

Eigene Buchreihe oder eigenen Verlag gründen

Seit 2009 bietet tredition sein Verlagskonzept auch als sogenanntes "White-Label" an. Das bedeutet, dass andere Unternehmen, Institutionen und Personen risikofrei und unkompliziert selbst zum Herausgeber von Büchern und Buchreihen unter eigener Marke werden können. tredition übernimmt dabei das komplette Herstellungs- und Distributionsrisiko.

Zahlreiche Zeitschriften-, Zeitungs- und Buchverlage, Universitäten, Forschungseinrichtungen u.v.m. nutzen diese Dienstleistung von tredition, um unter eigener Marke ohne Risiko Bücher zu verlegen.

Alle Informationen im Internet: **www.tredition.de/fuer-verlage**

tredition wurde mit mehreren Innovationspreisen ausgezeichnet, u. a. mit dem Webfuture Award und dem Innovationspreis der Buch Digitale.

tredition ist Mitglied im Börsenverein des Deutschen Buchhandels.

Dieses Werk elektronisch lesen

Dieses Werk ist Teil der Gutenberg-DE Edition DVD. Diese enthält das komplette Archiv des Projekt Gutenberg-DE. Die DVD ist im Internet erhältlich auf **http://gutenbergshop.abc.de**

FSC
www.fsc.org
MIX
Papier | Fördert
gute Waldnutzung
FSC® C083411

Zeitfracht Medien GmbH
Ferdinand-Jühlke-Straße 7
99095 Erfurt, Deutschland
produktsicherheit@kolibri360.de